ÉCHO
DU
TOUR DE FRANCE

Chansons Compagnoniques

PAR

GUILLAUMOU Aîné

DIT CARCASSONNE

le Bien-Aimé du Tour de France

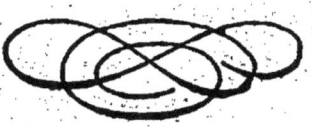

PARIS

IMPRIMERIE G.-A. PINARD. — DENTAN ET Cⁱᵉ,
9, COUR DES MIRACLES.

TABLE.

Le Chant des Compagnons.

Les Adieux à Saumur, la Liberté.

Les quatre Bien-Aimés, ou la chanson de mon Père.

Conseils avant le départ (à mon jeune Frère).

Donnez un exemple à la terre.

Mon Rêve.

Les Chansonniers Compagnons.

L'Ère nouvelle.

Ce que veut l'Ère nouvelle.

Le Retour au village, ou le dernier Banquet.

Le Tin Tin.

Le Faisceau.

CHANT DES COMPAGNONS

DÉDIÉ A TOULOUSE L'AVENIR.

AIR : *du Chant des Travailleurs.*

Guidés par un même désir,
Quant aux champs du beau Tour de France,
Nous courons, ivres de cueillir
Les fruits de l'arbre de science,
Ne sommes-nous pas tous égaux ?
La diversité des ouvrages
Doit-elle enfanter des rivaux
Dans l'œuvre des Compagnonages!

REFRAIN :

Aimons-nous, joyeux Compagnons,
Travailleurs de toute industrie,
Entre nous plus d'antipathie ;
Servons, aimons, chantons,
Les arts et la douce harmonie. } *bis.*

Qu'ont gagné tous les corps d'états
A nos fratricides querelles ?
Qu'ont rapporté tous ces combats,
Ces rixes sombres et cruelles ?
La bonne Mère a bien pleuré
L'espoir de sa pauvre vieillesse,
Et le vainqueur a déploré
Souvent sa sauvage prouesse.
   Aimons-nous, etc.

Pour l'honneur de l'humanité,
Cessons ces luttes désolantes,

Et que notre rivalité
Ne soit qu'en œuvres bienfaisantes,
Que l'atelier soit le champ-clos
Où désormais, sans funérailles,
Du travail les riches échos
Serve de clairon des batailles.
 Aimons-nous, etc.

Que nous importe des couleurs
Et la longueur et la nuance ;
Laissons à tous les travailleurs
La liberté dans leur croyance.
Soubise, Jacques et *Salomon,*
Créant leur bienfaisant mystère,
Voulaient que chaque Compagnon
De tout Compagnon fût le frère.
 Aimons-nous, etc.

Pour combler le gouffre béant,
Qu'entre nous creusa l'ignorance,
Le progrès, d'un bras de géant,
Soulève chaque intelligence.
L'avenir, dans chaque *Devoir*,
En ouvrant une ère nouvelle,
Doit, de concorde et de savoir,
Former la chaîne fraternelle.
Aimons-nous, joyeux Compagnons,
Travailleurs de toute industrie,
Entre nous plus d'antipathie,
Servons, aimons, chantons
Les arts et la douce harmonie.

Paris, septembre 1854.

LES ADIEUX A SAUMUR, LA LIBERTÉ.

Air : *T'en souviens-tu, disait un capitaine.*

Sainte amitié, de ma muse engourdie
Viens secouer le pénible sommeil,
Et qu'un rayon de douce poésie
Pour le devoir éclaire mon réveil.
Toi, digne ami, que mon âme inquiète
Avec regret, verra bientôt partir,
Là bas, là bas, dans ta douce retraite, ⎫
Mon cher Saumur, garde mon souvenir. ⎭ *bis.*

Porte là bas, sur le riant rivage
Où la *Gaité* sut placer son autel,
Les vœux qu'ici pour le compagnonage
Nous faisons tous d'un accord solennel,
Multipliant les anneaux de la chaîne
Que le Devoir, donna pour le servir ;
De notre cœur bannissant toute haine,
Mon cher Saumur, garde mon souvenir.

Des noirs frelons, ne crains pas la piqûre,
Prends en pitié leur impuissant venin,
Et des méchants en méprisant l'injure,
Marche toujours au fraternel chemin.
Chante la paix, l'union, la clémence,
La liberté, la gloire et l'avenir...
Semant d'amour les champs du Tour de France,
Mon cher Saumur, garde mon souvenir.

Aux jeunes gens, expliquant les mystères,
Que pour le bien, créa le Fondateur,

Pénètre-les que de s'aimer en frères
C'est se créer un avenir meilleur,
Dis-leur, ami, qu'aux champs de la concorde,
Il faut semer pour pouvoir recueillir;
Et si la paix remplace la discorde,
Mon cher Saumur, garde mon souvenir.

Soldat zélé de l'œuvre militante,
Porte bien haut le drapeau fraternel;
Laisse parler ton âme bienfaisante,
Nous répondrons à ton sublime appel;
Et si l'ardeur que l'amitié nous donne,
En s'émoussant pouvait se ralentir,
De loin, de près, songe que Carcassonne,
Mon cher Saumur, garde ton souvenir.

Paris, mai 1852.

LES QUATRE BIEN-AIMÉS

OU LA CHANSON DE MON PÈRE.

Air : *D'un Acacias qui formait le berceau.*

Fils du Devoir, mystérieux enfants,
Qui propageant l'union fraternelle,
Faites briller et vertus et talents,
En agitant votre palme immortelle;
Multipliez, sectateurs bienfaisants
Trop méconnus... mais que mon cœur aime,
Si j'ai trois fils qui marchent dans vos rangs,
Et sont nommés parmi les Devoirants,
Recevrez-vous mon quatrième?   (bis.)

De Carcassonne je les vis partir
Le cœur bercé par la douce espérance,
Et le premier qui combla mon désir,
Fut *Bien-Aimé* du brillant Tour de France;
Puis le second, exauçant mon espoir,
Fut *Bien-Aimé*; puis enfin le troisième,
Un peu plus tard se faisant recevoir,
Fut surnommé *Bien-Aimé* du Devoir.
Recevrez-vous mon quatrième?

En admirant vos fraternelles mœurs,
Au Fondateur je rends un pur hommage,
Puisqu'il voulut unir les travailleurs
Par le lien du beau Compagnonage.
De ce lien, l'hydre des factions,
Toujours en vain attaquera l'emblême,
Si de vertus et de sages leçons
Vous entourez vos institutions,
Recevrez-vous mon quatrième?

Serrez vos rangs, vertueux rejetons
D'un culte saint, dont l'heureuse pratique,
En survivant aux révolutions,
A traversé l'océan politique.
Oui, calme et fier, votre immortel Devoir
A conservé son précieux baptême.
Les coups du sort ne peuvent l'émouvoir,
Car l'union cimente son pouvoir,
Recevez-vous mon quatrième?

Mais le voilà, portant canne et couleurs,
Ce cher enfant, l'espoir de ma vieillesse,

En le voyant, je sens couler les pleurs
D'un saint orgueil et de bien douce ivresse.
Va mon enfant, la grande vérité
Pour ton esprit n'est plus un problème,
Sois *bien-aimé* de la fraternité
Et, du Devoir, la douce humanité
Protégera mon quatrième.

Ainsi chantait un vieillard généreux,
De ses enfants bénissant la constance
Qui, sur le Tour, en les rendant heureux,
Les fit aimer dans leur douce croyance,
Lui, qu'autrefois, d'un paisible hameau
Vint arracher une loi suprême
Et du soldat, pour unique flambeau,
Il eut longtemps notre brillant drapeau,
Il est reçu son quatrième.

Paris, février 1854.

CONSEILS AVANT LE DÉPART.

A MON JEUNE FRÈRE.

Air : *A la Grâce de Dieu.*

Mon jeune ami, le Tour de France
Bientôt devant toi s'ouvrira ;
La déesse de l'Espérance
Aux compagnons te conduira.
Sois toujours prêt dans ta carrière
A soulager les malheureux,
Sois bon ami, reste bon frère,

Juste, loyal et vertueux,
  Un jour le beau Devoir
  Comblera ton espoir,
    Le Devoir
  Comblera ton espoir.
} *bis.*

Cours te ranger sous la bannière
Des apôtres mystérieux
Que la raison de sa lumière
Guide vers un but généreux.
Exerce ton jeune courage
Aux préceptes de vérité
Qu'enfanta le compagnonage
Pour prouver la fraternité.
  Un jour le beau Devoir, etc.

Oui, le Devoir, c'est le symbole
De l'union des travailleurs
Qui nous annonce sa parole
Dans l'arc-en-ciel de ses couleurs.
Cèdre, vieillard dont la racine
Prit sève au soleil d'Orient
Et dont la puissance divine
Sert d'égide au vrai Devoirant.
  Un jour ce beau Devoir, etc.

Un jour, si de son doux ombrage,
T'offrant le gîte hospitalier,
L'étoile du compagnonage
Te guide au fraternel foyer,
Bois au calice de la vie
Le suc de l'arbre protecteur,
Égoute-le jusqu'à la lie,

Tel est le vœu du Fondateur.
    Alors le beau Devoir, etc.

Jeune arbrisseau, si quelque orage
Menaçait tes rameaux naissants,
Cours te placer sous son branchage,
Sa cime écarte les autans.
Le Bien-Aimé du Tour de France
De tes trois frères, le premier
Goûta, de l'arbre de science
Les fruits qu'il s'efforce à semer !
    Lorsque le beau Devoir
    Eut comblé son espoir,
      Le Devoir
    Eut comblé son espoir.

Lyon, août 1846.

DONNEZ UN EXEMPLE A LA TERRE.

Air : *Là bas, là bas de mon village.*

REFRAIN.

Donnez un exemple à la terre,
Fraternisez, Compagnons du Devoir,
Prouvez que de votre lumière
Les doux rayons ont mûri le savoir.

Entendez-vous la sourde calomnie
Stigmatiser le lien fraternel
Que l'Orient, votre mère patrie,
A cimenté d'un secret solennel.
  Donnez, etc.

Cueillez les fleurs que sema votre père
Sur le chemin de la fraternité,
Puis sur les champs, pressant la main d'un frère,
Fructifiez l'œuvre de vérité.
    Donnez, etc.

Des préjugés, la tourbe chancelante
A trop longtemps trompé votre raison ;
Fils des beaux-arts, votre étoile éclatante
Doit éclairer une grande union.
    Donnez, etc.

Qu'un voile épais couvre de vos querelles,
Gais travailleurs, le sanglant souvenir ;
Un temps plus doux apporte sur ses ailes
Les fruits semés aux champs de l'avenir.
    Donnez, etc.

Vous dont le nom, sur la table mystique
Parmi les noms, rayonne au premier rang,
Vous, les doyens du nom compagnonique,
Faites appel à tout vrai Devoirant.
    Donnez, etc.

Du temple saint, où vous prîtes naissance,
Ouvrez la porte à tous les *bons enfants* ;
Le Bien-Aimé du brillant Tour de France,
Avec bonheur, redira dans ses chants :
Donnons un exemple à la terre,
Fraternisons, Compagnons du Devoir.
Prouvons que de votre lumière
Les doux rayons ont mûri le savoir.

                        Paris, mai 1845.

MON RÊVE.

AIR : *Sur le grand mât d'une corvette.*

Un soir, sous un épais feuillage
Reposant mon corps engourdi,
Des fatigues d'un long voyage,
Pays, je m'étais endormi.
Quand j'entendis... douce surprise!
Trois voix chanter à l'unisson :
Embrassez-vous, fils de Soubise, } *bis*.
De Maître-Jacque et Salomon.

Je crus alors, sur des nuages
Variés de riches couleurs,
Voir, des divers compagnonages,
Les trois illustres Fondateurs.
Les martyrs de leur entreprise
Près d'eux répétaient la chanson :
   Embrassez-vous, etc.

Enfants, sur la route commune,
Disait le trio paternel,
Notre esprit contre l'infortune
Traçait un rayon fraternel.
Vos trois *Devoirs* ont pour devise :
Travail, paix et protection.
   Embrassez-vous, etc.

Propagez cette œuvre éternelle,
Car notre antique Trinité
Porte l'électrique étincelle
D'un foyer de fraternité.

Croyans du *Christ* ou de *Moïse*,
Unis par notre ablution,
    Embrassez-vous, etc.

Sur vos querelles intestines
Jetez le voile de l'oubli,
Et qu'au reflet de nos doctrines
Tout travailleur trouve un appui.
Puis sur le seuil de votre Eglise,
Formant un pacte d'union,
    Embrassez-vous, etc.

J'allais par un effort suprême
Unir ma voix au chœur divin
Quand tout-à-coup, douleur extrême,
Tout disparut dans le lointain.
Mais *Carcassonne* l'âme éprise
Répète à chaque Compagnon :
Embrassez-vous fils de Soubise,
De Maître-Jacque ou Salomon.

                  Paris, juin 1852.

LES CHANSONNIERS COMPAGNONS.

Air : *Du Petit marchand de chansons*
      (de M. Bérat).

Chantez, chantez, en vos joyeux ébats
Les gais refrains, les douces chansonnettes
Que vos auteurs, sur leurs vives musettes
Ont modulé, dans tous les corps d'états.
Que dans l'oubli tombent vos chants de guerre,

Chantez la paix et la fraternité ;
Que vos labeurs répandent sur la terre
Du beau Devoir, la douce humanité,
Que son esprit soit une vérité.

REFRAIN.

Gais Compagnons
  Soyez lurons,
Livrez vos cœurs à l'espérance,
De voir la paix au Tour de France
Vous unissant, sur ce commun chemin,
  Chantez (*bis*) un fraternel refrain.   (*bis*).

Dans tous les corps et dans chaque Devoir
Des travailleurs à l'âme poétique
Ont célébré par leur chant pacifique
Le noble but de votre beau savoir,
Cueillez amis, dans ce gai répertoire
De l'amitié, le fruit toujours nouveau.
De chants d'amour ornez votre mémoire,
De la Discorde éteignez le flambeau
Et que vos cœurs ne forment qu'un faisceau.
  Gais Compagnons, etc.

Si les tondeurs, chapeliers ou cordiers
Ont tour-à-tour, en chantant votre gloire,
Marqué leurs noms aux feuillets de l'histoire,
Accompagnés des selliers, des vanniers.
Par leur gaîté, que partout on renomme,
Vous trouverez les blanchers-chamoiseurs,
Chantant les vers d'*Angoumois* ou *Vendôme;*
Par leur entrain faire appel aux auteurs

Des tisserands, sabottiers ou tisseurs.
  Gais Compagnons, etc.

Chez les bottiers, Normand et Bourguignon,
Nantais, Rennois ou Beaufort la Franchise,
Ont tous chanté l'immortelle devise
Du nom sacré d'honnête Compagnon.
Des Toulonnais, d'Albigeois, la science
De votre dogme a chanté le pouvoir,
Et Parisien, dans sa vive éloquence
A su combler votre joyeux espoir
En vous donnant la *Lyre du Devoir*.
  Gais Compagnons, etc.

Faible rimeur, je crois à l'avenir
Dont nos auteurs ont aperçu l'aurore,
Comme eux, Pays, je veux chanter encore
L'amour, la paix et leur gai souvenir.
Dans cette ruche où tant d'esprit bourdonne,
Où tant de noms ont apporté leur miel,
Frères jamais, les vers de Carcassonne,
J'en fais ici le serment solennel,
Ne répandront la haine ni le fiel.
  Gais Compagnons, etc.

       Paris, juin 1852.

L'ÈRE NOUVELLE.

Air : *Le Peuple est Roi, le Peuple est Roi.*

Amis, à nous cette noble tâche,
De déchirer de honteux préjugés ;

Sapons toujours sans crainte et sans relâche,
De sots abus que le temps a jugés. (bis.)
Dans cette lutte où chaque intelligence
Porte son grain et trace son sillon,
Nous répandrons la douceur, la clémence,
Pour récolter la force et la raison.

REFRAIN.

Compagnons de l'Ere nouvelle,
Jetant ce cri, Fraternité,
Saluons l'aube fraternelle
De vérité, de vérité. (bis.)

Comprenons mieux ce qui, dans l'origine,
Devait unir le monde travailleur,
Comprenons mieux l'esprit et la doctrine,
Que pour le bien créa le Fondateur. (bis.)
Pendant longtemps l'erreur, l'intolérance,
Ont détourné le flambeau du Devoir,
Et ses rayons, aux champs du Tour de France,
Sont menacés par un sombre *éteignoir*.
    Compagnons, etc.

Mais quand sur nous la noire calomnie
Va répandant son immoral venin,
Plaignons amis, ceux qu'une triste envie,
A détournés du fraternel chemin; (bis.)
Peu soucieux des cris de la colère,
Soldats du droit, marchons tous sans faiblir,
En déployant notre grande bannière,
Drapeau sacré de paix et d'avenir.
    Compagnons, etc.

Le fanatisme et la froide arrogance
Ont fait verser et du sang et des pleurs ;
Que notre esprit de douce bienveillance,
Aux compagnons offre des jours meilleurs. (bis)
Oui, le soleil du beau Compagnonage,
Doit réchauffer les cœurs intelligents,
En leur donnant et sagesse et courage,
Pour déjouer les complots des méchants.
   Compagnons etc.

A nos accents, et le *Rhône* et la *Loire*
Ont répondu d'un accord solennel,
Et la *Gironde,* au livre de l'histoire,
A buriné le feuillet fraternel.   (bis.)
Oui, des abus la dernière heure sonne,
Sur leurs débris le progrès triomphant,
Des Compagnons tressera la couronne
Que l'avenir nous montre à l'Orient.

Paris, mars 1854.

CE QUE VEUT L'ÈRE NOUVELLE.

Dédiée a Champagne, *l'Ami du Progrès.*

Air : *Du vaisseau le Vengeur.*

Travailleurs servant l'industrie,
D'un concours et riche et brillant,
Vous dont l'ardeur et le talent
Font l'honneur de notre patrie;
Venez servir l'humanité

Dans le devoir dont l'ère commence ;
Nous voulons sur le Tour de France⎫ bis.
Paix, amour et fraternité. ⎭

Sous l'erreur, le passé chancelle ;
Accourez, hommes de savoir,
Sous la bannière du Devoir,
Qui marche à la route nouvelle.
Portez-nous avec loyauté
L'appui de votre intelligence ;
   Nous voulons, etc.

N'espérez ni repos ni trêve,
Vieux abus, flétris et sanglants ;
Pour le Devoir et ses enfants
Un avenir plus doux se lève.
Le progrès et la liberté
Ont dévoilé votre impuissance.
   Nous voulons, etc.

Ne crains plus, ô bonne mère !
Pour les jours d'un enfant chéri,
Notre Devoir offre un abri
Contre le vice et la misère.
Désormais, sur la Vérité,
Reposera la Bienfaisance.
   Nous voulons, etc.

Compagnons de l'Ere nouvelle,
Unissons nos vœux et nos cœurs ;
Montrons à tous nos détracteurs
Une volonté fraternelle.
Combattons avec fermeté,

Marchons avec persévérance,
Nous aurons sur le Tour de France
Paix, amour et fraternité.

Paris, septembre 1854.

LE RETOUR AU VILLAGE.

Air : de *Charlotte la républicaine.*

REFRAIN :

Salut, Compagnons du Devoir,
Je retourne dans mon village,
Emportant du compagnonage
   Le fraternel savoir.

  Bien jeune sur les champs,
  Le cœur plein d'espérance,
  En voyageant la France,
  Avide de talents ;
  Frappant à votre seuil,
  La douce Bienfaisance
  Me promit assistance
  Et bienveillant accueil.
    Salut, etc.

  Toujours gais et contents,
  Souvent les goussets vides,
  Nos jours fuyaient rapides
  Sur les ailes du temps ;
  Amoureux du plaisir,

Le cœur plein d'allégresse,
En narguant la richesse
Nous chantions l'avenir.
   Salut, etc.

Quand parfois vers nos jeux
Une sombre misère
Guidait la peine amère
D'un homme malheureux,
Notre cœur obligeant
Soulageait l'infortune,
Et la bourse commune
S'ouvrait à l'indigent.
   Salut, etc.

Vos inspirations
M'ont appris à connaître
Et la loi du grand Maître
Et ses sages leçons.
Servant l'humanité
Toujours avec franchise
En prenant pour devise :
Amour et liberté.
   Salut, etc.

Ce n'est pas sans regret
Que je vois votre suite
Dont la gaîté m'invite
A mon dernier banquet.
Recevez tous ici
Mes adieux bien sincères,
Et pour vos soins, mes frères,

Merci, trois fois merci.
    Salut, etc.

Si, les cheveux blanchis,
Le sort à ma vieillesse
Envoyait la tristesse
Et les sombres soucis,
De nos jours de plaisir
En rêvant à l'aurore,
Je sourirais encore
A votre souvenir.
    Salut, etc.

Paris, septembre 1854.

Le Tin Tin.

Air : *Allons chasseur, vite en campagne.*

Troupe joyeuse et fraternelle
Saluons l'avenir prochain
Tin tin, tin tin, tin tin, re tin tin.
Et pour fêter l'Ère nouvelle
Que chacun ait le verre en main
  Tin tin, tin tin, re tin tin.

L'étoile de douce espérance
Qui préside à notre destin,
Tin tin, tin tin, tin tin, re tin tin.
Protégera notre alliance
Contre tout complot clandestin,
    Tin tin, etc.

Fuyant l'erreur et son grimoire,
Auquel on ne comprend plus rien,
Tin tin, tin tin, tin tin, re tin tin.
Sachons marquer dans notre histoire
Des œuvres d'amour et de bien,
   Tin tin, etc.

Laissons en paix la calomnie
Louvoyer en son noir chemin,
Tin tin, tin tin, tin tin, re tin tin.
Contre une chaîne d'harmonie
Sont impuissans, fiel et venin.
   Tin tin, etc.

Entendez-vous le Tour de France
Sonner le fraternel tocsin,
Tin tin, tin tin, tin tin, re tin tin.
Sous les coups de l'intelligence
Les abus crouleront enfin,
   Tin tin, tin.

Quand on dit que l'Ère nouvelle
Clopin, clopant marche à sa fin,
Tin tin, tin tin, tin tin, re tin tin.
C'est que l'esprit tourne en chandelle
Dont *l'éteignoir* fait son butin,
   Tin tin, etc.

Pour saper l'œuvre qui commence
Le vieux passé prend son rotin,
Tin tin, tin tin, tin tin, re tin tin.
Et va propager sa croyance
A *Saint-Pétersbourg* et *Pékin*,
   Tin tin, etc.

Au souffle de la médisance
Que lancent Tartuffe et Rodin,
Tin tin, tin tin, tin tin, re tin tin.
Le Bien-Aimé du Tour de France
Opposera rire et dédain,
   Tin tin, etc.

Paris, juillet 1854.

LE FAISCEAU.

AIR : *Heureux qui peut rentrer dans sa maison.*

Mes chers Pays, un avenir prochain
Porte en ses flancs la raison fraternelle,
Dans chaque corps, fermente le levain
D'où jaillira cette vive étincelle.
Tous les devoirs ne formant qu'un faisceau ⎱ *bis.*
S'abriteront sous le même drapeau. ⎰

Un sage a dit : croissez, multipliez,
Pénétrons-nous de sa douce parole
Qui dit aussi : aimez, fraternisez,
Du beau Devoir, voilà la parabole.
Tous les Devoirs, etc.

Dans tout Devoir, un groupe intelligent
De l'union déployant la bannière,
Forme déjà le noyau bienfaisant
Propagateur de l'esprit de lumière.
Tous les Devoirs, etc.

Tombez, tombez, préjugés destructeurs,
Place au progrès, place à la tolérance,

De votre erreur sont nés tous les malheurs
Dont a gémi notre beau Tour de France.
Tous les Devoirs, etc.

Oui, désormais, le cœur rempli d'espoir,
Les bons vieillards, sans craindre les querelles,
Verront leurs fils embrasser le Devoir
Et se parer de couleurs immortelles.
Tous les Devoirs, etc.

Unissez-vous, hommes intelligents,
Chantez la paix, l'union, la clémence,
Dans tous les corps unissez vos accents,
Faire le bien porte sa récompense.
Tous les Devoirs, etc.

Cher *Angoumois*, nommé le *Courageux*,
Des *Chamoiseurs* interprète fidèle,
A ton appel aimant et généreux,
Nous marcherons à la route nouvelle.
Tous les Devoirs, etc.

De Carcassonne, amis, le doux espoir
Est que chacun, libre dans sa croyance
Puisse chanter, l'honneur et son Devoir,
Sans ennemis aux champs du Tour de France.
Tous les Devoirs ne formant qu'un faisceau,
Vont s'abriter sous le même berceau.

Paris, décembre 1853.

www.ingramcontent.com/pod-product-compliance
Lightning Source LLC
Chambersburg PA
CBHW060932050426
42453CB00010B/1969